씨 뿌리는 비유

씨 뿌리는 비유

2021년 3월 12일 초판 1쇄 발행
2024년 7월 15일 초판 3쇄 발행

지은이 박영선
기획 강선 **편집** 문선형, 정유진
디자인 잔 **경영지원** 함초아
펴낸이 최태준 **펴낸곳** 무근검
주소 서울특별시 송파구 올림픽로 4길 17 A동 301호
홈페이지 lampbooks.com
이메일 book@lamp.or.kr **전화** 02-420-3155
등록 2014. 2. 21 제2014-000020호
ISBN 979-11-87506-63-8(03230)

무근검은 '하나님의 영광은 무겁고 오래된 칼과 같다'라는 뜻입니다.

박영선 지음

씨 뿌리는 비유

들 어 도　　모 르 고
보 아 도　　모 른 다

내가 그들에게 비유로 말하는 것은
그들이 보아도 보지 못하며
들어도 듣지 못하며 깨닫지 못함이니라

/ 마 13:13 /

요한복음 15장의 포도나무 비유는 예수 믿는 사람들의 복된 현실을 증언합니다. 하지만 우리는 약속된 복을 현실에서 누리지 못한 채 말씀과 현실의 괴리를 느낍니다. 각자의 신앙 현실이 생각보다 만족스럽지 않기 때문입니다.

구원과 영광된 운명을 약속받았는데도 실망스러운 현실을 바꿀 수 없다는 데서 우리는 신앙의 중대한 문제에 직면합니다. 그러나 성경은 복된 생활과 영광된 인생을 형통과 경쟁적 승리로 약속하지 않습니다. 요셉은 억울한 옥살이를 하고, 욥은 말도 안 되는 비난을 받고, 스데반은 가장 결정적인 자리에서 죽임을 당했습니다.

하나님의 복, 그분의 자녀가 갖는 정체성과 그 인생에 담긴 뜻은 고난과 한계 가운데 터져 나오는 갈등과 비명 속에 감추어져 있습니다. 예수님은 아들이시면서도 받으신 고난으로 순종함을 배워 온전하게 되셨습니다(히 5:8). '징계는 다 받는 것이거늘 너희에게 없으면 사생자요 친아들이 아니'라는 가르침(히 12:8)에서 보듯, 고난과 실패는 한 사람이 성장해 가는 과정에서 필연적으로 겪는 시행착오와 한계입니다. 신자는 틀린 것, 실패한 것을 넘고 후회와 분노를 딛고 일어나 앞으로 나아가는 법입니다.

모든 것이 합력하여 선을 이룬다는 말씀(롬 8:28)은, 잘못은 우리를 좌절시키는 것이 아니라 오히려 유익한 경험이 된다고 가르칩니다. 고난과 후회를 통해 우리를 만들어 가시는 하나님의 지혜가 여기 있습니다. 하나님은 열매를, 결과를 만들라고 재촉하지 않으십니다. 승리의 열매를 거둘 실력을 갖춘 존재로 자라게 하는 것이 그분의 목적입니다.

　　모든 성공은 실패와 체념을 딛고 이겨 내는 재기(再起)의 연속입니다. 잘잘못을 헤아리는 단순한 자기진단과 확신이라는 작은 만족을 넘어서, 불안과 시련을 건너고 시험과 유혹을 물리쳐야 이르게 되는 지혜와 감사의 자리를 확인합시다.

2021년 3월

박영선

일러두기

- 이 책은 2020년 11월, 인천 노회에서 강해한 설교를 정리한 글입니다.

- 이 책에서는 개역개정판 성경을 인용하였습니다.

- 성경을 인용할 때, 절의 전체를 인용할 경우에는 큰따옴표(" ")로,
  절의 일부를 인용할 경우에는 작은따옴표(' ')로 표기하였습니다.

- 본문에 《 》로 표기된 것은 도서를, 〈 〉로 표기된 것은 작품을 가리킵니다.

이분법을
넘어 ○

요한복음 15장에 기록된 포도나무 비유는 잘 알려져 있습니다. '나는 포도나무요 너희는 가지라. 가지가 나무에 붙어 있지 않으면 밖에 버려져 마르고 불살라지고, 나무에 붙어 있으면 열매를 맺는다.' 이렇게 예수님과 우리를 포도나무와 가지에 빗대어 이야기합니다. 지금껏 우리는 이 비유를 간단히 '가지가 나무에 붙어 있어야지, 떨어져 있으면 안 된다'라고만 적용해 왔습니다. 가지가 나무에 붙어 있지 않으면 불에 던져져 태워지고, 나무에 붙어 있으면 열매를 맺는다는 식의 이분법적 관점에서 이해해 온 것입니다.

그런데 이 비유는 포도나무인 예수님에게 가지인 우리가 붙어 있는지 붙어 있지 않은지를 따진 후, 나무에 붙어 있어야 한다고 요구하는 것이 아닙니다. '나는 포도나무이고 너희는 가지다. 너희가 내 안에 거하면 열매를 맺는다'라는 이 비유는 요한복음의 전체 맥락 속에서 생각해야 드러나는 내용을 담고 있습니다. 예수님이 오시고 죽으셔서 가지인 우리에게 풍성한 열매를 맺게 하신다는 의미가 여기 들어 있는 것입니다.

요한복음 12장에 가면, 예수께서 당신의 죽음을 예고하시는 장면이 나옵니다. 이어 13장부터 16장에 걸쳐서 이 죽음이 초래할 결과에 대해 말씀하십니다. 서로 사랑하라는 이야기도 나오고, 예수의 이름으로 무엇이든지 구하라는 이야기도 나오고, 성령이 오신다는 이야기도 나오고, 지금 설교하는 포도나무 비유도 나옵니다.

이런 맥락에서 이 비유를 보면, 예수님이 죽으신 목적은 우리로 당신의 가지가 되게 하여 풍성한 열매를 맺게 하시려는 데에 있음을 알 수 있습니다. 이렇게 이 비유는 이분법적 관점이 아니라 우리가 할 수 없었던 것을 예수님이 우리로 하게 하신 이야기라는 차원에서 이해해야 합니다. 가지가 나무에 붙어 있느냐 떨어져 있느냐의 대조가 아니라, 결코 어떤 열매도 맺을 수 없었던 가지가 예수로 인해 풍성한 열매를 맺게 되었다는 것입니다. 초점은 예수를 믿느냐, 안 믿느냐가 아니라 예수를 믿으면 어떤 결과를 현실에서 보게 되느냐에 있습니다.

이런 관점이 포도나무 비유에 대한 기존의 이해와 어떻게 다른지 보기 위해 다른 비유를 하나 더 들어 보겠습니다. 마태복음 13장에 나오는 '씨 뿌리는 비유'입니다.

씨를 뿌리는 자가 뿌리러 나갔는데, 더러는 길가에 떨어지고 더러는 돌밭에 떨어지고 더러는 가시떨기 위에 떨어집니다. 길가에 떨어진 씨는 새들이 와서 쪼아 먹고, 돌밭에 떨어진 씨는 돌 때문에 뿌리를 내리지 못하고, 가시떨기 위에 떨어진 씨는 가시가 자라 기운을 막아 결실하지 못합니다. 반면 좋은 땅에 떨어진 씨는 삼십 배, 육십 배, 백 배의 열매를 맺습니다. 이렇게 전개되는 이야기가 '씨 뿌리는 비유'입니다. 우리는 이 비유를 읽고 '나쁜 땅이 되지 말고 좋은 땅이 되자'라고 적용해 왔습니다. 이런 이분법적 사고에 익숙해 있기 때문에, 포도나무 비유를 읽고도 단순히 '나무에 붙어 있고 떨어지지 말자'는 식으로만 생각합니다.

'씨 뿌리는 비유'를 들은 제자들의 반응은 이랬습니다. "아니, 선생님, 이 쉬운 이야기를 왜 비유로 하십니까? 그냥 좋은 땅이 되라고 말씀하시면 되지, 이 간단한 내용을 뭐 하러 비유까지 들어 설명하십니까?"

비유란, 보이는 것보다 더 큰 것이 있는데, 그것을 쉽사리 다 보여 줄 수가 없을 때 쓰는 설명 방법입니다. 그 큰 것을 이해하도록 그것과 가장 흡사한 경우를 제시합니다. 비유에 대한 이런 논리가 제자들의 물음 속에 담겨 있습니다. '좋은 땅이 아닌 곳에 씨가 떨어지면 열매를 맺지 못하니까 좋은 땅이 되라는 권면인데, 어렵게 비유까지 들어 설명할 필요가 있습니까? 비유는 뒤에 뭔가 더 큰 내용이 있을 때 하는 것인데, 여기에 뭐가 더 있습니까? 좋은 땅이 되어야 한다는 것은 우리도 다 아는 내용입니다.'

제자들의 반응은 그럴듯해 보이지만, 이 비유에 담긴 중요한 의미를 모르기에 이런 논리는 무색해집니다. 제자들의 물음에 예수님이 말씀하십니다. "천국의 비밀을 아는 것이 모두에게 허락된 것은 아니다. 있는 자는 받아 넉넉하게 되지만, 없는 자는 그 있는 것도 빼앗긴다." 이렇게 말씀하신 다음, 비유로 설명하신 이유를 이사야 선지자가 한 예언에서 찾습니다. "이사야 선지자가 예언했다. '너희가 듣기는 들어도 깨닫지 못할 것이요 보기는 보아도 알지 못하리라.' 그렇다. 그 말이 사실이다. 그렇게 들어도 모르고 보아도 모르는 자들을 위해 내가 왔다." 깨닫지 못하는 자들에게, 그들이 깨닫지 못하기 때문에 예수님이 오셨다는 것입니다.

좋은 땅에 떨어진 씨는 당연히 결실합니다. 돌밭에 떨어진 씨는 당연히 결실하지 못합니다. 그러니 예수님의 말씀은 이런 뜻입니다. "너희는 길가이고 돌밭이고 가시떨기이다. 너희 스스로는 좋은 땅이 될 수 없다. 그러나 내가 좋은 땅을 만들 것이다. 좋은 땅에 뿌려진 씨는 모두 결실할 것이나 너희는 길가나 돌밭이나 가시떨기이므로 결실하지 못하고 다 실패한다."

씨가 결실하려면 좋은 땅에 심겨야 하는데, 어찌하면 좋을까요. 무슨 말이든 알아듣지 못하고, 무엇을 보여 줘도 보지 못하는 이들은 어떻게 될까요. 예수님은 이런 자들을 좋은 땅으로 만들 것이라고 하십니다. 좋은 땅은 예수님이 십자가에 죽으시고 부활하심으로 만들어집니다.

이처럼 성경이 하는 말은 우리에게 좋은 땅이 되라는 권면이 아니라, 예수로 인해 풍성하게 결실하는 구원이 이루어진다는 이야기입니다. 그런데 우리는 은혜로 구원을 얻는다고 말하면서도, 계속 '나무에서 떨어지지 말고 붙어 있자. 나쁜 땅이 되지 말고 옥토가 되자'라는 구호에 머뭅니다. 이렇게 이분법적 사고방식에서 벗어나지 못하니까 우리에게 일어나는 일이 목적하는 것이 무엇인지 모르고, 그 목적을 향하여 가는 길에서 우리에게 허락된 과정을 살아 내지도 못하고 있습니다.

성화는 구원의 시작에서 완성으로 가는 긴 여정입니다. 시작부터 목표 지점까지 가는 길에 단계가 있는데, 우리가 고집하는 이분법에서는 '옳고 그름'이 전부입니다. 구원을 얻든지, 구원을 얻지 못하든지 둘 중 하나만 답이 됩니다. 이렇게 옳고 그름만이 전부라고 생각하므로, 현실에서 일어나는 실패와 자책은 무조건 회개하는 것으로 때우고 넘어가게 됩니다. 실수하면 회개해서 지우고 또 지우려고 합니다. 실수를 지워 없애야만 한다고 생각하여 그 실수로 얻을 수 있는 유익을 경험하지 못합니다.

성도들이 하는 기도를 들어 보아도 자기 잘못을 나열하기 바쁩니다. 저지른 실수를 없던 일로 만들려고만 하고, 그 실수를 딛고 앞으로 나아가는 데 대한 이해가 없습니다. 실수가 우리를 성장하게 하는 발판이어야 하는데, 실수를 지우는 데에만 급급해서 자라지 못합니다.

잘못을 회개하는 것에만 몰두하게 되면 신앙을 확인하는 방법이 비난과 정죄뿐이게 됩니다. "그 정도 했으면 괜찮은 거야. 이제 한 번 더 해 보면 잘할 수 있을 거야"와 같은 격려의 말이 따라오지 못합니다. 더 나아가 보지 못했기 때문입니다. 그런데 '씨 뿌리는 비유'에서 보았듯, 옥토라는 밭은 새 생명, 새사람, 새 세상의 삶을 살게 된 성도들의 정체성과 인생을 말합니다. 이제 좋은 땅이 되었으니 과거에 매이지 말고 앞으로 나아가야 합니다.

마태복음 7장에는 반석 위에 지은 집과 모래 위에 지은 집의 대조가 나오는데, 그 앞에 이런 말씀이 있습니다.

거짓 선지자들을 삼가라 양의 옷을 입고 너희에게 나아오나
속에는 노략질하는 이리라 그들의 열매로 그들을 알지니 가
시나무에서 포도를, 또는 엉겅퀴에서 무화과를 따겠느냐 이
와 같이 좋은 나무마다 아름다운 열매를 맺고 못된 나무가
나쁜 열매를 맺나니 좋은 나무가 나쁜 열매를 맺을 수 없고
못된 나무가 아름다운 열매를 맺을 수 없느니라 아름다운 열
매를 맺지 아니하는 나무마다 찍혀 불에 던져지느니라 이러
므로 그들의 열매로 그들을 알리라 (마 7:15-20)

거짓 선지자들을 가려내는 표지가 '열매'라고 합니다. 감이
열리면 감나무이고, 사과가 열리면 사과나무입니다. 감나무
인지, 사과나무인지를 알기 위해서는 나무에 어떤 열매가 열
리는지를 봐야 합니다. 그런데 우리는 이 대목을 읽고도 그
저 '열매를 많이 맺자'라고만 적용합니다. 무슨 열매든 열매
를 모아다 놓기만 하면 되는 것처럼 생각합니다. 이것은 이
분법에 얽매인 신앙입니다.

　아름다운 열매를 맺으려면 먼저 좋은 나무가 되어야 하는
데, 자기가 맺는 열매를 보고 자신이 어떤 나무인지 확인해
보라고 하는 것이 이 비유의 내용입니다. 그런데 우리는 '아
름다운 열매를 맺지 않으면 찍혀 불에 던져지니까 아름다운

열매를 맺어야 한다'고만 하면서 조바심을 낼 뿐입니다. 하지만 이 비유의 초점은 열매에 있지 않고 나무에 있습니다. 이런 맥락을 따라 다음과 같은 말씀이 이어집니다.

> 나더러 주여 주여 하는 자마다 다 천국에 들어갈 것이 아니요 다만 하늘에 계신 내 아버지의 뜻대로 행하는 자라야 들어가리라 그 날에 많은 사람이 나더러 이르되 주여 주여 우리가 주의 이름으로 선지자 노릇 하며 주의 이름으로 귀신을 쫓아 내며 주의 이름으로 많은 권능을 행하지 아니하였나이까 하리니 그 때에 내가 그들에게 밝히 말하되 내가 너희를 도무지 알지 못하니 불법을 행하는 자들아 내게서 떠나가라 하리라 (마 7:21-23)

이 말씀에 이어 24절부터 '반석 위에 지은 집과 모래 위에 지은 집의 비유'가 나옵니다. 이 비유에서는 집을 지은 곳이 모래 위인지, 반석 위인지가 심판의 기준입니다. 집을 짓고 안 짓고의 문제가 아니라 집을 어디에 지었는지가 중요한 것입니다. 홍수가 나자 집이 무너진 것은 집을 잘못 지어서가 아니라, 모래 위에 지었기 때문입니다. 반석 위에 지은 집은 무너지지 않습니다. 여기서 반석은 예수를 가리킵니다. 그러니 반석 위에 지은 집은 예수를 근거로 한 생명과 성령의 집인 반면 모래 위에 지은 집은 예수 없는, 율법과 도덕과 자기 증명뿐인 집입니다.

성경은 우리가 예수 위에 서 있어야 열매를 맺는다고 말씀합니다. 그러므로 좋은 땅이란 다른 것이 아닙니다. 예수로 인하여 우리가 새롭게 부여받은 새 생명이 좋은 땅입니다. 이것은 은혜로 주어졌습니다.

그런데도 우리는 은혜로 얻은 구원을 잊어버리고 스스로 노력해서 좋은 땅이 되어 열매를 많이 맺으려고 합니다. 은혜로 예수를 믿고 신앙생활을 하게 되었는데, 정작 삶에서 일어나는 실패에 대한 답은 우리 식대로 내려는 것입니다. 그러면 끝내 답을 얻지 못하고, 혼란과 원망뿐인 신앙 현실에 빠지고 맙니다.

경험으로
자라나다 ○

성경이 하는 이야기는 우리가 지워 버리려고 하는 그 실수와 실패가 일을 한다는 것입니다. 우리는 실패할 때마다 '다음에는 안 그래야지' 하고 다짐합니다. 그러나 쉽지 않습니다. 수십 번 잘못하고 나서야 그나마 한 번 잘할까 말까 합니다. 말할 때 욕이 튀어나오려는 것을 열 번 중 한 번쯤 겨우 참을 뿐입니다. 욕이 나오려고 할 때 돌려서 좋게 말할 수 있다면 굉장히 발전한 것입니다. 이런 발전을 성장으로 볼 줄 알아야 하는데, 그러지 못해서 자기 실수를 용납하지 못하고 다른 사람의 실수도 용서하지 못합니다.

우리의 신앙생활을 돌아봅시다. 완벽하고 무흠한 존재가 되기 위해 매일 씻어 내고 닦아 내느라 아무것도 못하고 있습니다. 예수는 오래전부터 믿어 왔지만 여태껏 내 삶이 그대로인 이유가 여기 있습니다. 하나님이 내 기도에는 응답하지 않으시는 것 같고 내가 원하지 않은 일만 하게 하시는 것 같습니다. 로마서 7장 24절이 절실히 와닿습니다. "오호라 나는 곤고한 사람이로다 이 사망의 몸에서 누가 나를 건져내랴." 이 말씀처럼 우리는 언제나 다시 죄의 몸 안에 사로잡혀 옵니다. 그런데 그다음이 재미있습니다. "우리 주 예수 그리스도로 말미암아 하나님께 감사하리로다 그런즉 내 자신이 마음으로는 하나님의 법을 육신으로는 죄의 법을 섬기노라"(롬 7:25). 감사하지만 여전히 갈등은 남아 있다고 합니다. 그런데 로마서 8장 1절에 오면 이 갈등이 해결되어 있는 것을 확인할 수 있습니다.

> 그러므로 이제 그리스도 예수 안에 있는 자에게는 결코 정죄함이 없나니 이는 그리스도 예수 안에 있는 생명의 성령의 법이 죄와 사망의 법에서 너를 해방하였음이라 (롬 8:1-2)

이제 예수로 인하여 우리가 죄와 사망의 법에서 해방되었다고 합니다. 이렇게 해방되어 우리는 새로운 자리, 자라날 수 있는 자리에 서게 됩니다. 이렇게 자라나야 하는 자리에 왔는데도 우리는 옳고 그름에만 붙잡혀 있느라 자라날 틈이 없습니다. 포도나무 비유도 씨 뿌리는 비유도 제대로 이해하지 못한 채 말입니다.

예수로 말미암아 좋은 땅이 되었으니 이제 비로소 열매를 맺을 수 있습니다. 물론 잡초도 같이 자라고 실패할 수도 있습니다. 그러나 이제는 자라나고 있음을 아는 것이 중요합니다. 집을 얼마나 멋지게 잘 지었는가로 심판받지 않습니다. 반석 위에 집을 지었기 때문에 무너지지 않는다는 사실을 알고 살아가면 됩니다. 든든한 반석 위에 있으니 계속 나아갈 수 있습니다.

신앙 인생에서 일어나는 실패나 후회나 낙심은 무엇일까요? 그것은 완성을 향한 과정에서 일어나는 미숙함입니다. 우리가 무엇을 하든지 만족스러운 자리에 가려면 훈련과 연습은 당연한 것이고 수많은 시행착오 역시 당연한 것입니다.

사람이 무엇을 깨닫게 되는 최고의 방법은 경험입니다. 몸소 겪어야 합니다. 실제로 경험해 보지 않으면 제대로 알기 어렵습니다. 시간 속에서 직접 몸으로 경험하지 못하면 머리로만 알고 있는 명분을 내세우게 됩니다. 명분만 내세우면 추상적이게 됩니다. 말로는 달나라에도 갔다 오고 별도 따올 수 있습니다. 그런데 실제로 달에 가려면 많은 것을 준비하고 동원해야 합니다.

우리 안에는 완벽을 추구하는 윤리가 들어 있는 것 같습니다. 완벽이 명분으로 추상화되면 스스로 연습하고 노력하는 과정이 외면되고 논쟁의 승리가 실제적 승리를 대신하게 됩니다. 현실에서 진리를 지켜야 하는데, 논쟁만 하고 그칠 뿐 실제로 뛰어들 여유가 없습니다. 실제 삶에서 아름다운 열매를 맺어야 하는데 그럴 틈이 없습니다.

아름다운 열매가 무엇인지는 성경에 잘 나와 있습니다. 갈라디아서 5장 22절 이하를 봅시다. '오직 성령의 열매는 사랑과 희락과 화평과 오래 참음과 자비와 양선과 충성과 온유와 절제니'(갈 5:22-23 상). 성령이 맺는 것은 '열매'라고 부르는데 반해, 육체가 맺는 것은 열매라고 부르지 않습니다. '육체의 일은 분명하니 곧 음행과 더러운 것과 호색과 우상 숭배와 주술과 원수 맺는 것과 분쟁과 시기와 분냄과 당 짓는 것과 분열함과 이단과 투기와 술 취함과 방탕함과 또 그와 같은 것들이라'(갈 5:19-21 상). 육체의 산물을 육체의 '일'이라고 부릅니다. 생명이 없으니 열매를 맺을 수 없는 것입니다.

갈라디아서 5장 16절에서는 '너희는 성령을 따라 행하라 그리하면 육체의 욕심을 이루지 아니하리라'라고 말씀합니다. 성령의 길과 육체의 길은 서로 대립 관계로 어느 한쪽을 택하면 다른 쪽의 길은 걸을 수 없게 됩니다. 갈라디아서는 둘 중 어느 쪽을 따라가야 하는지를 권면하면서 그 결과를 열매로 확인하라고 합니다.

옳은 일을 입에 올리며 역설한다고 해도 어떤 열매가 맺히는가를 봐야 합니다. 우리가 신앙을 논하는 모습을 보면, 살기가 느껴질 정도입니다. "사랑합니다"라고 말하는데 행동은 그렇지 않아 그 말이 오히려 부담스럽습니다. 이것이 우리의 신앙 현실입니다. 이렇기에 우리는 포도나무 비유를 대할 때에도 "가지야, 나무에 붙어 있어라. 떨어지지 마라. 떨어지면 불태워진다"라고 쉽게 답을 내리는 것입니다. 이런 답은 신앙 생활에 아무런 격려가 되지 않습니다.

부모가 자녀를 훈육하면서 매를 들 때 죽으라고 때리는 법은 없습니다. 그러니 부모가 아무리 매섭게 대해도 자녀는 공포를 느끼지 않습니다. 자녀가 부모에게 공포를 느낀다면, 그것은 부모 잘못입니다. 대부분의 아이들은 엄마한테 매를 맞고도 때가 되면 밥 달라고 웁니다. 우리 신앙은 왜 이렇게 안 됩니까? 왜 다들 겁을 먹으며 신앙생활을 하고 있습니까? 각각의 수준이 뭐가 그렇게 중요한 갈등이겠습니까. 포도나무 비유나 씨 뿌리는 비유를 대하는 관점을 보면 우리 신앙이 얼마나 경직되어 있는지를 알 수 있습니다. 우리 식대로 이분법을 고수하느라 그 자리에 멈춰 있습니다.

신학을 공부하는 학생들 대부분은 이미 자신만의 확신을 가진 채, 그것을 확인하러 신학교에 오는 것 같습니다. 정작 신학을 배우러 온 사람은 거의 없을 정도입니다. 자기는 이미 다 알고 있다고 생각합니다. 그래서 그들이 가진 확신의 틀을 조금이라도 깨트리는 말을 하면 바로 화를 냅니다. 자기가 고

수해 온 체계가 깨지기 때문입니다. 여태껏 쌓아 온 자신감이 무너지니 어쩔 줄 몰라 합니다.

그래서 저는 매해 학기 말이 되면 학생들에게 '이번 학기에 무엇을 배웠는가'에 대해 리포트를 쓰게 했습니다. 학생들 대부분은 한 학기 동안 제가 가르친 것들을 요약해서 써 내기 바빴습니다. 그런데 제 의도는 이 수업을 통해 각자가 어떤 벽에 부딪혀 봤는지를 묻는 것이었습니다. 수업 시간마다 저는 학생들 각자가 쌓아 놓은 벽을 하나씩 허물었습니다. 학기 말에 이르러서는 이 수업을 통해 이 벽이 무너져도 되는가 싶었다든가, 처음으로 벽 너머를 내다보고 놀랐다든가, 또 거기서 더 나가 봤다든가 하는 경험을 하게 되었는지 생각해 보라는 의도에서 과제를 냈는데 학생들은 대개 그런 생각을 못합니다. 기독교는 '살리는' 종교이고, '기르는' 종교라는 이해가 없어서, 신자의 인생이 결코 후회와 원망으로 끝나는 것이 아니라 계속 나아질 것이므로 더 나아가야 한다는 기대를 품지 못합니다.

앞서 마태복음 13장에서 보았듯 있는 자는 받아 더 넉넉하게 될 것입니다. 예수를 믿은 자, 예수를 가진 자는 자기가 쌓은 벽을 허물면 허물수록 더 큰 신자의 세계를 경험하게 될 것입니다. 그러나 예수께서만 주실 수 있는 구원이 없는 자는 있는 것도 빼앗길 것입니다. 그에게는 모든 것이 헛되기 때문입니다. 예수 없이는 그가 가진 생명과 기회가 전부 그를 실패와 소멸로 몰아갑니다. 생명과 믿음과 예수가 있는 자는 인생이 넉넉해지고 놀라워지는 것과 대조됩니다. 씨 뿌리는 비유는 바로 이렇게 연결되어야 합니다.

신자 대부분은 자신이 좋은 나무인지 나쁜 나무인지를 놓고 고민합니다. 성경은 우리가 이미 좋은 나무라고 가르칩니다. 우리가 원래 좋은 사람이라서 좋은 나무인 것이 아니라, 가지인 우리가 붙어 있는 예수가 좋은 나무이기 때문입니다. 그런데도 우리는 자꾸 자기가 좋은 나무인지 나쁜 나무인지만 따지느라 앞으로 나아가지 못합니다.

틀이
깨지다 ○

로마서 5장에 가면, 우리가 잘 아는 것 같지만 잘못 이해하고
있는 말씀이 나옵니다. 로마서 5장 19절 이하를 보겠습니다.

> 한 사람이 순종하지 아니함으로 많은 사람이 죄인 된 것 같
> 이 한 사람이 순종하심으로 많은 사람이 의인이 되리라 율
> 법이 들어온 것은 범죄를 더하게 하려 함이라 그러나 죄가
> 더한 곳에 은혜가 더욱 넘쳤나니 이는 죄가 사망 안에서 왕
> 노릇 한 것 같이 은혜도 또한 의로 말미암아 왕 노릇 하여
> 우리 주 예수 그리스도로 말미암아 영생에 이르게 하려 함
> 이라 (롬 5:19-21)

예수로 인하여 우리가 부활 생명을 얻었고 영생을 갖게 되었
다는 사실은 모두가 잘 압니다. 여기서 '한 사람이 순종하지
아니함으로 많은 사람이 죄인 된 것 같이'라는 대목을 살펴
봅시다. 로마서 5장에서 내내 하는 이야기입니다. 아담이 범
죄한 이후, 죄가 세상에 들어왔고 사망이 왕 노릇 했습니다.
지각 능력이 없는 영아가 죄를 저지르기 전에 죽는 일이 있

기도 하는 것에서 이를 알 수 있습니다. 이처럼 사망이 늘 모두에게 절대적 운명이었던 것 같이, 이제 예수의 은혜가 우리에게 절대적인 영향을 미치게 됩니다.

로마서 5장 20절 이하를 다시 봅시다. '율법이 들어온 것은 범죄를 더하게 하려 함이라 그러나 죄가 더한 곳에 은혜가 더욱 넘쳤나니 이는 죄가 사망 안에서 왕 노릇 한 것 같이 은혜도 또한 의로 말미암아 왕 노릇 하여'라는 말씀은, 은혜가 죄를 극복하고 원래의 목적을 회복한다는 의미입니다. 즉 죄로 인하여 부정의 최극단까지 간 것 같이 은혜로 인하여 긍정의 최극단까지 갈 수 있게 되었습니다. 결국 은혜가 이긴다는 말씀입니다. 그러니 마지막 날 주 앞에 설 때, 공포스러운 심판의 자리에 서게 될 거라고 겁먹지 마십시오. 포기하거나 못나게 굴지도 마십시오. 도망치듯 살지 않아도 됩니다.

은혜가 이긴다는 이야기를 들으면 얼른 이런 생각이 듭니다. '운명이 이미 결정되어 있다면 우리가 뭐 하러 열심을 내는가.' 이런 질문이 나오게 되는 것은 앞에서 이야기한 대로 이분법적으로 생각하는 경향 때문인데, 이분법에서는 '옳고 그름', '잘하는 것과 못하는 것'으로만 구별하기 때문입니다. 그래서 잘못에 대해서도 잘못할 것 같으면 아예 아무것도 하지 않는 편이 낫다는 식으로만 생각합니다. 이렇게 우리에게 주신 기회를 외면하고 그 자리에서 도망가 버리는 것은 치사한 행동입니다. 성경은 나라는 존재의 가치가 분명히 있고, 하나님이 나에게 목적을 두고 기대하신다고 내내 강조합니다.

그래도 우리는 계속 이렇게 질문합니다. 결국 은혜가 왕노릇 하고 승리할 것인데, 왜 우리 인생과 신앙 현실에는 고통이 있는가, 예수님이 결국 우리를 승리하게 하실 것인데, 왜 현실은 평안하지 않고 만족스럽지 않은가 하는 질문입니다. 은혜를 베푸셔서 우리를 당신의 자녀로 삼으시고는 하나님이 왜 고달픈 인생을 살게 하시는지, 왜 하나님은 이런 방법으로 백성들을 부르시는지 궁금해집니다. 이에 대해 성경은 고달픈 인생에 가치가 있다고 합니다. 고달픈 인생에 어떤 가치가 있을까요?

누가복음 15장에 나온 탕자의 비유에서는, 제 맘대로 살고 싶어서 자기 몫의 재산을 미리 받고 집을 나가 허랑방탕하게 산 작은아들의 이야기가 나옵니다. 아버지는 작은아들에게 그의 몫을 떼어 주며 그가 집을 나가는 것을 허락하는데, 이 점이 재미있습니다. 아들은 나가서 현실을 직시하게 됩니다. 자신에게는 생산력이 없음을, 자신은 그 무엇도 생산해 낼 수 없는 존재라는 사실을 비로소 깨닫습니다. 자기에게는 소비력밖에 없어서 가진 것을 전부 소진하고 맙니다. 사망이라는 것이 그렇습니다. 사망이란 아무것도 만들어 내지 못하고, 있던 것도 없애 버립니다. 그런 후에 그는 알게 됩니다. 아버지 집에는 품꾼들마저도 넉넉했음을, 생명이 무한히 넘쳤음을 기억합니다. 그걸 깨닫고 돌아옵니다.

작은아들이 집에 돌아온 무렵, 큰아들이 밖에서 일하고 들어오다가 집에서 나는 풍악 소리를 듣고 무슨 영문인지 하인에게 묻습니다. 하인은 주인님의 작은아들이 돌아와서 주인님이 기뻐 송아지를 잡고 잔치를 벌였다고 전해 줍니다. 이 말을 들은 큰아들은 분해서 집에 안 들어가려고 합니다. 이에 아버지가 나와 "왜 들어가지 않느냐. 들어가서 함께 즐기자"라고 하는데, 큰아들은 "싫습니다. 아버지 재산을 가져다 창기와 함께 써 버린 아들을 위해 잔치를 베풀어 주시다니요. 저는 아버지 명령을 한 번도 어긴 적이 없는데, 저한테는 염소 새끼 한 마리 잡아 준 적 없지 않습니까?" 하고 볼멘소리를 합니다. '나는 한 번도 아버지의 명령을 어긴 적이 없다.' 큰아들의 이해는 여기까지입니다. 아버지의 명령을 어긴 적 없이 순종한 것, 잘못하지 않은 것이 전부입니다.

이와 비슷한 내용이 욥기에도 나옵니다. 욥은 까닭 없이 고난을 당해 억울한 처지에 놓입니다. 욥기 13장 20절부터 봅시다.

오직 내게 이 두 가지 일을 행하지 마옵소서 그리하시면 내
가 주의 얼굴을 피하여 숨지 아니하오리니 곧 주의 손을 내
게 대지 마시오며 주의 위엄으로 나를 두렵게 하지 마실 것
이니이다 그리하시고 주는 나를 부르소서 내가 대답하리이
다 혹 내가 말씀하게 하옵시고 주는 내게 대답하옵소서 나
의 죄악이 얼마나 많으니이까 나의 허물과 죄를 내게 알게
하옵소서 (욥 13:20-23)

욥의 말은 이것입니다. "하나님, 계급장 떼고 한번 이야기해
봅시다. 제가 뭘 잘못했습니까?" 이렇게 하나님에게 대들기
전에는 "저 죽어 버리겠습니다. 제가 왜 태어났는지 모르겠습
니다. 저 까짓것 죽는다 한들 하나님이 눈썹 하나 까딱하시겠
습니까. 뭐 때문에 번거롭게 이 고생을 하십니까"라고 비명을
지르던 욥입니다. 그래도 응답이 오지 않자 더 나간 것입니
다. "하나님, 제발 만나자니까요. 어쨌든 결판을 내야 할 것 아
닙니까? 이렇게 에두를 것 없이 바로 말씀해 주세요. 서로 고
생하지 맙시다. 하나님도 힘드실 것이고 물론 저도 힘듭니다.
그러니까 계급장 떼고 만납시다."

　이제 욥기 후반부에 가면 마침내 하나님이 욥에게 나타나
맹렬하게 답하십니다. 욥기 38장 1절에서 3절을 보겠습니다.

그 때에 여호와께서 폭풍우 가운데에서 욥에게 말씀하여 이
르시되 무지한 말로 생각을 어둡게 하는 자가 누구냐 너는
대장부처럼 허리를 묶고 내가 네게 묻는 것을 대답할지니라
(욥 38:1-3)

드디어 하나님이 욥에게 나타나 도전하시는 장면입니다. 이
어 욥기 40장 1절에서 9절도 읽어 봅시다.

여호와께서 또 욥에게 일러 말씀하시되 트집 잡는 자가 전
능자와 다투겠느냐 하나님을 탓하는 자는 대답할지니라 욥
이 여호와께 대답하여 이르되 보소서 나는 비천하오니 무엇
이라 주께 대답하리이까 손으로 내 입을 가릴 뿐이로소이다
내가 한 번 말하였사온즉 다시는 더 대답하지 아니하겠나이
다 그 때에 여호와께서 폭풍우 가운데에서 욥에게 일러 말
씀하시되 너는 대장부처럼 허리를 묶고 내가 네게 묻겠으니
내게 대답할지니라 네가 내 공의를 부인하려느냐 네 의를
세우려고 나를 악하다 하겠느냐 네가 하나님처럼 능력이 있
느냐 하나님처럼 천둥 소리를 내겠느냐 (욥 40:1-9)

하나님이 욥에게 창조 세계를 보여 주시면서 "네가 이렇게 할

수 있느냐. 계급장 떼고 이야기하자고? 좋다. 네가 이렇게 창조할 수 있느냐?" 하고 도전하십니다. 욥은 당연히 그렇게 할 수 없습니다. 욥이 대답니다. "힘으로 밀어붙이깁니까? 전 대답하지 않겠습니다." 이에 하나님이 다시 말씀하십니다. "네 옳음을 증명하고자 나를 그르다고 하느냐. 도대체 네 자신감의 근거가 무엇이냐? 네가 나하고도 겨루겠다는 근거가 무엇이냐?" 하나님이 도전하시는 흥미로운 대목입니다.

결국 욥은 하나님을 만나게 되어 그가 갖고 있던 체계가 무너집니다. 하나님에게 대들고 답을 요구하다가 하나님의 도전을 받게 되자 그가 알던 세계가 깨집니다. 욥은 자기에게 충고하는 친구들에게 이렇게 말한 적이 있습니다. "나는 너희가 지적하는 잘못 중에 하나라도 해당하는 것이 없다. 난 거짓말을 한 적도 없고 나쁜 짓을 한 적도 없고 그런 마음을 품은 적도 없다." 하나님은 그런 열띤 논쟁 중에 있는 욥을 불러와 창조 세계를 보여 주십니다. 이렇게 하신 것은 어떤 의미일까요? 여태 있던 것들을 모두 합한 것에서 더 나아가자는 뜻입니다.

우리가 가진 틀이 깨지는 이야기는 신약에도 많습니다. 스데반의 이야기를 생각해 봅시다. 사도행전 7장에는 스데반이 박해받은 사건이 나옵니다. 스데반이 소요하는 군중 속에서 박해를 받으며 설교하는데, 이 장면에서 주의 깊게 볼 점이 있습니다. 스데반이 사람들에게 외칩니다. "너희는 늘 틀렸다. 너희 선조들도 마찬가지다. 너희는 너희에게 온 선지자들을 다 죽였고 그 선지자들이 증언했던 예수까지 죽였다. 목이 곧고 마음과 귀에 할례를 받지 못한 사람들아, 회개하라." 그런데 스데반이 이렇게 외치는 소리를 듣고도 아무도 회개하지 않습니다. 오히려 스데반에게 돌을 던져 그를 죽입니다. 분명히 스데반이 옳고 그를 박해하는 사울이 틀렸는데, 하늘문이 열리더니 예수님이 내리신 판결은 "스데반, 네가 죽어야 한다"였습니다. 그래서 그다음에 어떤 일이 벌어집니까? 스데반을 박해한 사울이 사도 바울이 되어 하나님의 일을 하게 됩니다. 우리가 가진 논리와 얼마나 다른 방식으로 일이 전개되고 있습니까?

하나님은 창조를 해 놓고 나서 방관하고 계시는 분이 아닙니다. 계속해서 창조하시는 분입니다. 창조란, 있던 것을 없애는 식으로 변덕을 부리는 것이 아닙니다. 하나님의 창조란 원칙 위에 쌓아 가는 것입니다. 원칙이 1층이라면 그 위에 2층을 만들고 또 3층을 만듭니다. 층을 계속 쌓아 가는 대로 높아집니다. 하나님에게 변경이란, 앞에 있던 것들을 더 풍성하게 하기 위한 것입니다. 율법을 주신 하나님이 은혜도 주셨

듯이 말입니다. 이렇게 '더 나아간다'는 개념을 모르면, 자기 인생을 기존 틀에 꿰맞추느라 더 자라지 못하고 하나님의 일 하심도 모르게 됩니다.

기독교에는 역사 속에서 진리로 공인된 교의라는 것이 있습니다. 사도신경을 비롯한 신조나 교리문답이 바로 그것입니다. 이들은 기독교에서 보편적 진리로 받아들여져 온 것입니다. '천지를 만드시고 그 아들을 보내신 하나님, 모든 일에 의로우시고 긍휼과 자비가 넘치시며 우리를 사랑하시는 하나님'에 대한 고백입니다. 이 고백이 실제로 우리 삶에서 피가 되고 살이 되어야 합니다. 하나님은 이 내용을 우리의 다양한 속성과 성품 안에서 만나게 하십니다. 우리에게 허락된 시간 속에서 우리로 수많은 일을 겪게 하시고 그렇게 해서 저지르는 우리의 실패와 잘못까지도 하나님이 사용하시는 것입니다. 이 사실을 깨달아 우리 인생과 운명에 대해 적극적으로 기대해야 합니다.

복을
누리다 ○

우리가 어떤 가수의 공연을 봤다고 해 봅시다. 그럴 때 우리
는 "나 그 가수의 무대를 봤어"라고 말하기도 합니다. 또 연
극배우가 공연에서 실수를 하면, "나 이번 무대 완전 망쳤어"
라고 표현하기도 합니다. 무대는 그 위에 펼쳐지는 공연을
포함한 단어라서 그렇습니다. 무대는 원래 공연이 잘 보이도
록 주변보다 높게 만들어 놓은 단에 불과하지만, 그 위에 펼
쳐지는 공연과 묶여 다니는 것입니다. 그래서 좋은 공연을
보고 나면 종종 "잊을 수 없는 무대였다"와 같은 표현을 하는
것입니다.

　또한 무대는 원칙이기도 합니다. 기독교에서 우리가 믿는
원칙은 하나님은 창조주이고 섭리자이며 구원의 주이고 심
판의 주라는 것과 정의롭고 자비롭고 긍휼을 베푸시는 권능
자라는 것입니다. 그분이 우리로 당신이라는 무대 안에서 마
음껏 공연하도록 하시는데, 그것이 바로 우리 인생입니다.

　그런데 우리는 우리가 해야 할 공연을 하지 않습니다. 무
대가 더러워지는 것이 싫기 때문입니다. 올라가서는 고작 신
발 벗고 슬리퍼 신고 가만히 앉아 있을 뿐입니다. 그러고는

어디 감히 무대를 올라오냐고 하며 다른 사람도 못 올라가게 합니다. '두려운 하나님'이라는 틀을 만들어 놓은 채 말입니다. 그러니 그 위에 공연이 펼쳐질 리 없습니다. 우리 삶이 끝나는 날에 자신의 인생을 두고 "멋진 무대였다"라고 고백하며 눈감을 수 없게 됩니다.

우리는 하나님이 펼쳐 주신 무대 안에서 인생이라는 더 아름답고 멋진 무대를 만들어 가야 합니다. 멋진 무대라고 하면 얼른 감이 오지 않을 수 있으니 일단 쉬운 것부터 해 봅시다. 한 번의 만남이, 한 번 내뱉는 말이 얼마나 중요한지 안다면, 더 잘할 수 있을 것입니다. 누구를 만나면 반갑다고 말해야 하는데, 그걸 잘 안 합니다. 좋은 말을 해 주지 않습니다. 좋은 말을 하려다가도, 괜히 아첨을 떠는 것 같고 자기가 뭔가 꿀리는 것 같은 생각이 듭니다. 그런데 그걸 넘어서야 합니다. 한국은 유교적 전통을 가진 나라인데, 유교 사상에는 소극적인 면이 많습니다. 잘못하지 말자는 부정적이고 소극적인 가르침이 전부이고 긍정적이고 적극적인 목적은 추구하지 않습니다. 무흠한 것이 최고이고, 잘못하면 안 되니 아예 나서지 않는 것이 최선입니다. 그러니 적극적으로 행하는 것이 없습니다.

이런 분위기 속에 있다 보니 우리 신앙도 소극적이 되었습니다. 반갑다고 말하려다가도 속은 그렇지 않으니까 그만 입을 다물어 버립니다. 반가움이 진심에서 우러나오기를 기다리다가 평생 한 번을 반갑게 대해 주지 못합니다. 그래서는 안 됩니다. 억지로라도 인사해야 합니다. 그렇게라도 하다 보면 스스로가 변합니다. 말을 좋게 하는 습관이 생깁니다. 그런데 우리는 겉과 속이 완벽하게 일치할 때 그렇게 말하기를 원합니다. 그런 것을 정직이라고 생각하기 때문입니다. 이때 마음속 갈등을 이기고 좋은 말을 해 주려는 노력은 신앙의 승리로 표현해도 될 만큼 값집니다.

'진심'이라는 단어에 붙잡혀서 속 시원히 나쁜 말을 해 버리는 것은 무례한 태도입니다. 그 갈등을 넘어서야 합니다. 말을 좋게 시작하면 그다음은 쉽습니다. 반대로 처음부터 밉게 말하면 그다음에도 좋은 말이 안 나옵니다. 그러면 싸움밖에 안 납니다. 나쁜 말만 이어집니다. 우리에게 주어진 무대에서 기회가 올 때마다 좋은 말을 해야 합니다. 우리는 이 분법에도 걸리고 유교 사상에도 걸려, 마음속에 진심이 우러나오기를 기다리는 바람에 아무것도 못하고 말았습니다.

욥기에서 보듯 욥이 가진 자신감은 자기는 잘못한 것이 없다는 생각에서 나온 것이었습니다. 이는 소극적 태도에 불과합니다. 그러나 자기가 가진 틀로 해결이 안 되자, 욥은 목숨을 걸고 하나님에게 대들었습니다. 하나님을 만나 깨달은 다음, 욥은 지금까지 가졌던 상상과 기대를 뛰어넘는 하나님의 창조 세계에 들어오게 됩니다. 이후에 욥은 갑절의 복을 받습니다. 딸도 셋이나 낳게 되는데, 이름이 참 재미있습니다. 딸들의 이름을 여미마, 굿시아, 게렌합북이라 지었는데, 뜻을 보면 '아이브로펜슬', '계피 향' 같은 특별할 것 없는 단어들입니다. 이에 대해 엘런 데이비스(Ellen F. Davis)라는 구약 신학자는, 그제야 욥은 '다 필요 없고, 하나님이 하시는 일이라면 아무래도 좋다'라는 마음이 들어서 딸들의 이름을 그렇게 지은 것이 아닌가 하고 추측합니다.

우리의 신앙을 방해하는 것은 무엇입니까? 신앙을 확인하려는데 내 속에는 열등감밖에 없습니다. 열등감 때문에 아무것도 못하고 있습니다. 계속 빈정거리고 비난하다가 끝이 납니다. 마치 탕자의 비유에 나오는 큰아들 같습니다. "내가 뭘 잘못했습니까? 왜 나한테는 한 번도 보상해 주지 않으셨습니까?" 그러자 아버지가 대답합니다. "내 것이 다 네 것 아니냐." 우리에게 이미 주어진 복이 무엇인지 모르니까 그것들을 써 보지도 못하고 시간만 흘려보냅니다. 비난만 하지 말고 할 일을 해야 합니다. 이것이 우리의 인생관과 신앙관이 되어야 합니다.

우리는 기독교에 대한 이해가 부족해서 자신에게 닥친 문제에 원색적 불만을 표해 놓고도 잘못한 것을 모릅니다. 하나님은 우리의 기대와 생각을 뛰어넘어 일하시는데, 우리는 고작 안심하고 만족하기만을 바라기 때문입니다. 그 생각이 깨져야 합니다.

우리는 고난, 시험, 환난에 대해 끊임없이 불평합니다. 고통스럽기 때문입니다. 자녀를 기를 때 경험해 보지 않습니까? 아이들이 유치원까지는 재밌게 다니다가 초등학교 들어가면 학교 가기 싫다고 떼를 씁니다. 부모가 혼을 내며 가라고 해야 겨우 갑니다. 이런 우리의 모습에 대한 성경의 증언이 있습니다. 에베소서 4장입니다.

우리가 다 하나님의 아들을 믿는 것과 아는 일에 하나가 되어 온전한 사람을 이루어 그리스도의 장성한 분량이 충만한 데까지 이르르니 이는 우리가 이제부터 어린 아이가 되지 아니하여 사람의 속임수와 간사한 유혹에 빠져 온갖 교훈의 풍조에 밀려 요동하지 않게 하려 함이라 오직 사랑 안에서 참된 것을 하여 범사에 그에게까지 자랄지라 그는 머리니 곧 그리스도라 그에게서 온 몸이 각 마디를 통하여 도움을 받음으로 연결되고 결합되어 각 지체의 분량대로 역사하여 그 몸을 자

라게 하며 사랑 안에서 스스로 세우느니라 (엡 4:13-16)

신앙도 자라나는 것인데, 우리는 '신앙이 자라난다'는 개념에 대해 익숙하지 않습니다. 어린아이가 어른으로 자라면서 생기는 가장 큰 변화는 무엇입니까? 철이 든다는 것입니다. 철이 든다는 것은 경험이 쌓여서 인생의 가치를 알고 인생에 책임을 지려는 것입니다. 이것이 바로 자라난다는 의미입니다. 이 자라나는 일에 고비가 찾아오는데, 바로 사춘기입니다. 진실함과 순진함으로 모든 것이 해결될 수 있다고 믿었는데, 사춘기에는 그 진실함과 순진함이 무력하다는 사실을 깨닫게 됩니다. 그러면서 불만이 생깁니다. 사춘기는 꿈으로 시작해서 환멸로 끝납니다. 사람이 자살을 생각해 보는 첫 시기가 아마 사춘기일 것입니다. 진실이 통하지 않는다는 사실에 먼저 놀라고 그런 삶을 고뇌 없이 살아가는 어른들을 이해할 수가 없어 혼란스럽습니다. 어른들은 대부분 체념하고 살 뿐, 다음 세대에게 옳은 것을 증언하려는 시도를 하지 않습니다. 교회에서조차 이 일이 이루어지지 않습니다. 덮어놓고 고함만 지를 뿐입니다. 기독교에서 이야기하는 '죽어서 천국 간다'는 말은 단순하고 분명한 약속이지만, 이 한마디로 얼마나 많은 내용을 축소하고 덮어 버렸나 싶어 안타깝습니다.

살아 보면, 누가 성공한 인생을 살아 왔는지는 사실 별로 중요하지 않습니다. 가난하고 실패하고 그런 것 다 괜찮습니다. 다만 그 나이에 걸맞은 수준에는 이르러야 합니다. 이해심, 공감 능력, 타인에 대한 연민, 예의 같은 것이 갖춰져야 합니다. 그런데 여기서 그 이상 더 갈 수 있는 사람이 예수 믿는 사람입니다. 예수를 믿지 않으면 그 이상으로 나아가지 못합니다. 용서, 희생, 섬김은 예수 믿는 사람만 할 수 있습니다. 세상은 절대 못하는 것들입니다. 그런데 우리는 우리만이 갈 수 있는 그 자리에 이르지 못하고 있습니다.

잘한 것과 잘못한 것을 구별할 것이 아니라, 명예로운 것과 수치스러운 것을 구별해야 합니다. 잘하는 것은 보상을 받으려는 목적 때문이 아니라 잘하는 것 자체가 명예이기 때문에 잘해야 합니다. 멋있는 사람이 되어야 합니다. 예수를 믿으면, 하나님이 창조하신 목적대로 점점 자라나야 합니다. 그런데 우리는 그러지 못합니다. 옛날에 잘못했던 일만 후회하고 있기 때문입니다. 옛날은 다 잊고 지금 할 수 있는 일을 해야 합니다.

가장 중요한 것은 오늘입니다. 지금 당장 해야 할 일이 있습니다. 지금 좋은 표정을 짓고 좋은 말을 해 줘야 합니다. 과거에 실패한 경험을 통해 이런 노력이 필요하다는 것을 배워야 합니다. 그런데 우리는 자꾸 과거로 돌아가서 실패한 일들을 만회하려고만 합니다. 그래서 오늘을 못 삽니다. 과거의 일을 변명하거나 회개하는 데 매여 있느라 지금 할 일을 하지 않습니다. 지금 첫발을 내딛어야 합니다. 여기서 첫발이란, 진지해지는 것을 말합니다. 지금 내가 해야 할 일이 무엇인가를 곰곰이 생각해야 합니다. 지금 내가 있는 이곳, 지금 나에게 주어진 일이 가장 중요합니다.

신자의
자유와 책임 ○

성경은 현실이 우리 뜻대로 되지 않는 것에 대해 예수의 순종 즉 '그가 아들이시면서도 받으신 고난으로 순종함을 배워서 온전하게 되셨'(히 5:8-9 상)다는 말씀을 모범으로 제시합니다. 예수님은 부족한 것이 없는 분입니다. 그런데 예수님의 온전함은, 육체로 살아 내는 구체적 삶을 통하여 이루어집니다. 이는 우리가 원하는 온전함과 다릅니다. 우리는 시간과 공간에 얽매이지 않고 맘대로 하고 싶어 합니다. 제약을 벗어나고 싶은 것입니다. 그런데 성경이 말하는 자유는 그렇게 부정적이고 소극적인 것이 아니라, 진리와 생명이 충만해지는 것입니다. 즉 여기서 자유는 책임이 따르는 것입니다. 철이 드는 것입니다. 자발적으로 신앙이 성숙하는 것입니다. 이 자유는 인류 역사 전체에 걸쳐 하나님이 하시는 일에서 매우 중요한 주제입니다.

아담은 자유를 잘못 사용합니다. 그런데 하나님은 아담이 저지른 잘못에 대하여 벌을 내리기는 하셔도 그를 포기하지는 않으십니다. 인간이 내린 결정의 결과로 최악의 상태가 벌어졌더라도 하나님은 그것을 수용하셔서 창조의 목적을 기어코 이루십니다. 그래서 인류 역사가 지금껏 이어진 것입니다. 이스라엘 역사가 그렇고, 예수님이 오신 것이 그렇고, 지금 우리에게 주어진 현실이 그렇습니다. 우리가 이 모든 역사와 하나님의 성실하심 속에 있음을 깨달아야 합니다. 에베소서 4장 17절 이하를 봅시다.

> 그러므로 내가 이것을 말하며 주 안에서 증언하노니 이제부터 너희는 이방인이 그 마음의 허망한 것으로 행함 같이 행하지 말라 그들의 총명이 어두워지고 그들 가운데 있는 무지함과 그들의 마음이 굳어짐으로 말미암아 하나님의 생명에서 떠나 있도다 그들이 감각 없는 자가 되어 자신을 방탕에 방임하여 모든 더러운 것을 욕심으로 행하되 오직 너희는 그리스도를 그같이 배우지 아니하였느니라 진리가 예수 안에 있는 것 같이 너희가 참으로 그에게서 듣고 또한 그 안에서 가르침을 받았을진대 너희는 유혹의 욕심을 따라 썩어져 가는 구습을 따르는 옛 사람을 벗어 버리고 오직 너희의 심령이 새롭게 되어 하나님을 따라 의와 진리의 거룩함으로 지으심을 받은 새 사람을 입으라 (엡 4:17-24)

새로운 세상이 주어졌으니 우리에게 새사람을 입으라고 하십니다. 하나님이 인간을 만드시고 인간에게 부여하신 자유를 우리가 제대로 사용하는 그때에 비로소 진정한 순종을 하게 됩니다. 드디어 하나님의 뜻을 따라 복종하고 만족과 감사와 기쁨으로 하나님의 창조를 받아들이게 되는 것입니다. 성경은 이것을 자유라고 합니다. 성경이 말하는 자유에는 책임이 따릅니다. 책임을 지려면 기회가 있어야 합니다. 기회가 주어졌을 때 분별할 줄 알아야 합니다. 그리고 자기가 한 선택에 책임을 져야 합니다. 이것이 자유입니다. 그래서 우리 인생에 끊임없이 도전이 있는 것입니다.

인생이란 선택의 연속이라는 말을 많이들 합니다. 그 선택들을 통해 자라야 합니다. 하나님은 우리에게 못나게 굴 자유까지 허락하셨습니다. 그 못난 것이 큰일을 한다고 말씀하십니다. '구습을 따르는 옛 사람을 벗어 버리고 의와 진리의 거룩함으로 지으심을 받은 새 사람을 입으라'라고 권면하십니다. 우리에게 주어진 기회 앞에서 우리가 실제로 해야 할 일입니다. 다른 이에게 고함지르고 강요하면서 말씀에 고개만 끄덕거릴 것이 아니라 실제 삶에서 행해야 합니다.

누군가를 만나게 되면 반가워해 봅시다. 진심이 생기기를 기다리지 말고 만났을 때 해야 합니다. 운동할 때 생각할 틈 없이 몸이 먼저 반응하는 것이 실력입니다. 생각을 하면 이미 늦습니다. 우리의 신앙이 생각과 증언과 고백에만 머물러 있어서는 안 됩니다. 신자로서 몸에 익어야 하는 훈련을 하지 않는다면, 우리의 신앙은 위인들의 이름과 행적을 나열하는 수준에 불과합니다. 그 사람들에 대해 이야기하는 것으로 때우고, 자기 생애를 살지 않는 것입니다. 현실을 살아야 합니다. 화가 난다고 화를 내 버리면 어떻게 되는지 겪어 봤을 것입니다. 누구에게 화를 내고 나면 나중에 민망해져서 그 사람을 다시 못 봅니다. 그러면 후회가 됩니다. 그렇다고 나는 틀렸다며 낙심하거나 체념하지 마십시오. 그 후회로 배우고 더 나아가 다음번에 다른 사람을 만났을 때는 더 정중하게 대할 수 있게 됩니다.

우리는 자꾸 회개만 합니다. 계속 회개만 하느라 지금 해야 할 일을 할 시간이 없습니다. 끝없이 자기의 약점을 열거하고 자기가 과거에 잘못했던 일을 이야기하면서, 그래도 나는 진심을 가지고 있고 속을 다 보여 준다는 것으로 책임을 넘겨 버리면 안 됩니다. 지금 해야 할 일, 지금 해야 할 말을 하십시오. "반갑습니다. 어떻게 지내셨어요? 보고 싶었어요."

우리는 지금 해야 할 말을 하지 못하고, 책임을 면하기 위한 말만 하면서 도망칩니다. 가장 나쁜 것이 체념입니다. 사람을 대할 때 최소한 성의는 보여야 하는데 그러지를 못합니다. 심지어 변명까지 합니다. "내가 왜 그랬냐면"으로 시작해서 말이 길어집니다. 대사는 짧게 하십시오. 그동안 우리는 이런 훈련을 열심히 하지 못했습니다. 대화를 하면 핑퐁을 하듯이 주고받아야 하는데, 우리는 조금 치다가 공 주우러 가고, 또 조금 치다가 공 주우러 가느라 게임 한 번을 제대로 못합니다.

각자의 인생 속에 주어진 경우와 정황이 있습니다. 내가 속한 나라와 문화와 시대와 전통 속에서 나에게 주어진 몫을 창조적으로 해내는 것, 이것이 신앙입니다. 주어진 무대 위에서 맡은 배역을 잘해야 합니다. 우리가 맡은 역할은 굉장히 중요합니다.

영국에서는 지금도 셰익스피어의 작품으로 연극을 합니다. 그 연극에서 주인공이 최고의 배역인데, 그 역할을 잘하는 배우에게 '로드(Lord)'라는 경칭을 붙여 줍니다. 〈햄릿〉이든 〈오셀로〉든 뻔히 다 아는 작품인데, 무엇 때문에 공연을 반복하고 배우에게 그런 경칭을 줍니까? 줄거리나 대사가 달라지지는 않지만, 누가 그 배역을 맡는가에 따라 그 배우만이 할 수 있는 연기가 다르기 때문입니다. 각자의 개성대로 그 역할을 창조적으로 해냅니다. 먼저, 생김새부터 다릅니다. 얼마나 놀랍습니까. 우리가 그런 인생을 사는 것입니다.

나 하나가 있음으로, 내가 하는 행동으로 하나님이 일하시고 전체 스토리를 끌고 나가십니다. 하나님의 작품인 그 스토리 안에서 각자가 '나'라는 캐릭터를 맡아 창조적인 역할을 해 나가는 것입니다.

신자의
의리와 겸손 ○

우리가 어떤 사람을 이해하기로 했다면, 그의 장단점을 모두 수용해야 합니다. 그러고 나서도 하는 교제를 '의리'라고 부릅니다. 사실, 의리는 기독교적 용어라고 생각합니다. '하나님이 믿음으로 말미암는 의를 우리에게 주셨다. 복음에 하나님의 의가 나타났다'고 할 때의 '의'도 쉽게 접근해 보면, '의리'라는 의미로 생각할 수 있습니다.

의리란 '팔이 안으로 굽는 것'을 말합니다. 그런데 '의'라는 말을 잘못 사용해서 객관적 기준으로만 삼아 버리면, 견해가 같을 때는 친했다가 견해가 다르면 헤어지게 됩니다. 그러나 하나님은 그렇게 하지 않으십니다. "나는 너희를 사랑하고, 너희에게 영광을 덧입혀 주려고 했는데, 너희들이 망쳤다. 그래도 나는 너희를 포기하지 않는다." 이것이 의리입니다. 대단한 것입니다.

의리는 인생에서 가장 멋진 것이라고 할 수 있습니다. 명분이나 이해관계나 본능을 떠나서 인간이기에 다른 인간을 위하여 가질 수 있는 좋은 고집입니다. 하다못해 조폭 세계에도 의리라는 것이 있는데, 예수를 믿는 우리에게서는 이런 의리를 찾아보기 어렵습니다. 의리를 갖고 대하기보다 옳고 그름을 따지기를 더 좋아합니다. 이는 우리가 넉넉하지 못하다는 증거입니다. 풍성한 여백 같은 인간미가 있어야 하는데, 그게 없습니다. 그러니까 뭔가를 시도하는 것이 두려워 서로에게 날카롭게 구는 것입니다.

사람은 권력을 폭력으로 쟁취하려 합니다. 권력을 권위로 얻지 않고 폭력을 써서 가집니다. 누군가를 처단하여 자기의 지위를 유지합니다. 그런데 여기서 하나님이 악역들을 세워 일하십니다.

영화 〈벤허〉에서 악역인 메살라가 없으면 스토리 전개가 안 되는 것과 같습니다. 그저 옳고, 옳고, 옳고, 옳으면 깊이 들어갈 수가 없습니다. 그 악역 때문에 주인공이 분노하고 복수의 칼을 갈고 노예선의 비참함을 견딥니다. 그렇게 해서 무엇을 보여 줍니까? 보복으로는 답이 되지 않는다는 사실을 보여 줍니다. 분노가 없으면 그 치열한 곳까지 도저히 갈 수 없습니다. 이것은 우리 모두에게 해당되는 하나님의 섭리입니다. 우리는 이 점을 외면한 채 인생을 살고 싶어 합니다. 그래서 신앙생활을 할 겨를이 없습니다. 전도지 돌리는 것이 신앙생활의 전부입니다. 거기에는 신앙을 담아낼 자리가 없습니다.

이 문제에 대해 성경이 뼈 있는 지적을 합니다. 히브리서 6장 1절과 2절입니다.

> 그러므로 우리가 그리스도의 도의 초보를 버리고 죽은 행실을 회개함과 하나님께 대한 신앙과 세례들과 안수와 죽은 자의 부활과 영원한 심판에 관한 교훈의 터를 다시 닦지 말고 완전한 데로 나아갈지니라(히 6:1-2)

맨날 같은 소리만 하고 있지 말라는 것입니다. "당신, 구원의 확신이 있어? 오늘 죽어도 천국 갈 자신 있어?" 이런 물음도 필요하지만, 여기를 지나서 더 나아가라고 합니다. 이어지는 4절에서 6절을 봅시다.

> 한 번 빛을 받고 하늘의 은사를 맛보고 성령에 참여한 바 되고 하나님의 선한 말씀과 내세의 능력을 맛보고도 타락한 자들은 다시 새롭게 하여 회개하게 할 수 없나니 이는 그들이 하나님의 아들을 다시 십자가에 못 박아 드러내 놓고 욕되게 함이라 (히 6:4-6)

자라라고, 크라고 우리에게 새 생명을 주셨는데, 우리는 계속 과거로 돌아가고 맙니다. 어린아이의 순진한 모습은 참으로 예쁘고 보기 좋습니다. 그런데 그 모습에서 더 이상 자라나지 않는다면 얼마나 무섭습니까? 아이가 자라고 있음을 확인할 수 있는 변화가 무엇이라고 생각합니까? 아이가 거짓말을 하는 것입니다. 그때 '아이가 크고 있구나' 하고 느낍니다. 크면 당연히 거짓말을 하게 됩니다. 거짓말을 안 하면 생각이 자라지 않고 있다는 뜻입니다.

그런데 우리는 거짓말했던 과거를 다 지우려고 합니다. 그럼 언제 큽니까? 자라는 동안에는 거짓말을 하게 될 수밖에 없습니다. 실력은 없는데 잘하고 싶어서 그렇습니다. 그래서 거짓말을 하게 됩니다. 그렇다고 과거에 한 거짓말 때문에 나는 틀렸나 보다며 좌절하고 말 것입니까? 이것이 '한 번 빛을 받고 하늘의 은사를 맛보고 …… 타락한' 모습입니다. 이 구절은 구원이 취소된다는 이야기가 아닙니다. '나는 궁극적으로 너희를 저곳에 가게 하려고 구원했는데, 뒤로 물러난다는 것이 말이 되느냐?' 이런 이야기입니다. 나아가지 않고 자라나지 않는 것이야말로 예수 그리스도에 대한 모욕입니다. 그의 십자가를 욕보이는 것이고, 하나님이 왜 나에게 새 생명을 주셨는지 모르는 것입니다.

로마서 6장 1절을 보겠습니다. "그런즉 우리가 무슨 말을

하리요 은혜를 더하게 하려고 죄에 거하겠느냐." 그 뒤에 '그
럴 수 없다. 너희는 새 생명을 얻었다. 너희에게 준 생명은 아
름답고 영광스럽고 충만한 것이다'라는 말씀이 이어집니다.
그러니 자라나야 하는 것입니다.

에베소서 1장 23절에도 나오는 말씀입니다. "교회는 그의
몸이니 만물 안에서 만물을 충만하게 하시는 이의 충만함이
니라." 교회는 예수의 충만함입니다. 우리가 그런 부름을 받
았는데, 지금 무엇을 하고 있습니까.

"너희가 너희 자신을 죄에 바쳤을 때는 결국 사망밖에 남
지 않았느냐. 부끄러운 일밖에 없지 않았느냐." 이 말씀을 명
분으로만 가질 것이 아닙니다. "이제 너희는 예수 안에 새 생
명을 가졌고 의를 위하여 부름을 받았으니 순종해서 영광을
만들어 내라." 이 말씀대로 이제 주어진 일을 새 생명으로 해
내야 합니다.

운동경기를 할 때 벤치에만 앉아 있는 것은 선수로서 피
하고 싶은 일일 것입니다. 선발되지 못해 경기를 펼칠 수 없
기 때문입니다. 드라마에서 배우들이 두려워하는 것은 무엇
입니까? 스토리에서 자기가 맡은 역할이 사라지는 것입니다.
극 중에서 죽거나 이민 가거나 군대 가면 더 이상 출연하지
못합니다. 계속 출연하려면 어떻게 해야 합니까? 스토리가

이어지고 대사가 끊이지 않아야 합니다. 주어진 역할을 해야 하는 것입니다. 그런데 우리는 신앙생활에서 그 역할을 안 합니다. 각자가 감당해야 하는 역할이 있는데 말입니다.

하나님은 우리를 조종하시는 분이 아닙니다. 우리 운명을 결정론에 맡기지 않으셨습니다. 우리에게 기회를 주시며 "자, 네가 해 봐"라고 하십니다. "네가 해 봐. 이제 어떻게 할래? 근데 저번 일은 좀 치사하지 않았냐?" "네, 하나님. 저도 그렇게 생각합니다." "다음에는 잘해 봐." 이렇게 말씀하실 것 같습니다. 우리도 그렇게 마음먹어야 합니다. 그런데 다음이 되면 또 실수합니다. "잘하려고 했는데 또 잘 안 됐지? 이번에는 뭐 때문에 그랬냐?" "제가 성미가 좀 급합니다. 어떻게 하면 좋죠? 벼락이라도 내려 주세요." "아니다. 될 때까지 하자." 하나님이 이렇게 말씀하십니다. '될 때까지' 기회를 주십니다.

명예로운 길을 갈 수 있는 기회가 주어졌음을 아는 것이 중요합니다. 앞으로 잘해 볼 수 있습니다. 왜냐하면 우리가 과거에 잘못한 것들이 다 일을 하기 때문입니다. 과거에 잘못한 것 때문에 이제는 잘하게 되는 것입니다.

겸손은 머리로 배울 수 없습니다. 겸손은 내가 다른 사람보다 못났음을 깨닫는 것입니다. 겸손하려면 실제로 못나게 군 경험이 있어야 합니다. 사람들이 알면 절대 얼굴을 들고 다닐 수 없는 존재라는 것을 스스로가 느껴야 비로소 겸손해집니다.

겸손을 떠는 것과 겸손은 다릅니다. 겸손을 떠는 것은 티가 납니다. 그러면 겸손은 무엇입니까? 쉽게 말해, 상대방이 이야기를 하게 놔두는 것이라고 할 수 있습니다. 그 사람은 지금 내가 지나온 길을 뒤따라오는 형편일 수도 있어서 나로서는 그 이야기가 어처구니없을 수 있지만 들어 주는 것입니다. 이렇게 상대방의 존재와 형편을 인정해 주는 것이 겸손입니다. 언제까지 들어야 합니까? 견디다, 견디다, 못 견디면 화장실 간다고 둘러대고 피할망정, 바로 앞에서 "야, 내가 사실 네 이야기를 다 들어 주고 싶지만, 네 이야기는 진부하고 어처구니없잖아" 이러지는 말아야 합니다.

의리, 겸손, 이런 것들이 신자가 누리는 명예로운 역할입니다. 마음에 여유를 갖고서 자기의 한계를 인정하고 책임을 지면서 이 길을 가야 합니다. 인격이 형성되고 만들어지는 이 과정을 아무 생각 없이 지나오면 안 됩니다.

하나님이
기르시다 ○

히브리서 12장에 가면, '징계'라는 단어가 나옵니다. 징계는 친자식이면 다 받는 것이라고 합니다. 징계의 원어는 '파이데이아'인데, '파이디온'의 파생어입니다. 파이디온은 '아이들'이라는 뜻입니다. 이때 아이들은 가족적 의미에서 '자녀'입니다. 그러니 여기서 징계라는 말은 '자녀 만들기', '자녀 훈련시키기'라고 바꿔 말할 수 있습니다.

"징계는 다 받는 것이거늘 너희에게 없으면 사생자요 친아들이 아니니라"(히 12:8). 자식이니까 그냥 내버려 두지 않으시는 것입니다. 하나님이 우리를 당신의 자녀로 부르시고, 우리로 하나님을 아버지라 부르는 인생을 살게 하시니 우리로서는 감당하기가 만만치 않습니다. 하나님의 자녀답게, 부끄럽게 굴지 말라는 것이니 말입니다.

모세는 므리바 사건에서 잘못을 저지릅니다. 백성들이 물이 없다고 아우성치자, 하나님이 모세더러 반석을 쳐 물을 내라고 했는데 모세가 백성들에게 화를 냅니다. 이 일로 하나님이 모세에게 "너도 저 백성들처럼 가나안에 못 들어간다"라고 하시게 됩니다. 모세는 손에 지팡이를 들고서 백성들에게 성질을 부리며 험한 말을 했을 것 같습니다. "내가 너희를 위해서 얼마나 더 고생을 해야 되냐!" 화를 내는데 어떻게 가만히 서서 합니까. 손에 있던 지팡이라도 휘두르지 않았겠습니까. 그래서 하나님이 말씀하십니다. "너는 이 백성을 위하여 부름받은 종이다. 백성들은 다 죽는데, 너 혼자 살아서 가겠다고? 그럴 수 없다. 너도 가나안에 못 들어간다."

그때서야 모세는 깨닫게 됩니다. "맞습니다. 하나님, 알겠습니다. 이 백성들과 함께 죽는 것이 제 명예입니다." 이런 기도를 할 수 있는 자리까지 와야, 하나님이 이스라엘 백성을 광야에서 죽이시는 것이 끝이 아님을 알게 됩니다. "하나님, 저도 알고 있습니다. 그러니까 너무 뭐라 하지 마시고 따뜻하게 좀 말씀해 주십시오." 이 자리까지 이르는 것입니다. 성경 말씀을 이렇게 읽어 내고, 우리 인생도 이렇게 살아야 합니다.

우리가 우리의 영광스러운 역할을 제대로 해내지 못하자 예수님이 판을 뒤집으십니다. 예수님은 당신의 죽으심으로 세상의 죽음을 없애십니다. 사망이 왕 노릇 하고 사망이 운명인 세상을 뒤집어 부활 생명과 영광이 운명인 세상으로 만드십니다. 그로써 사망이 왕 노릇 하는 것 같이 은혜가 왕 노릇 하는 세상이 된 것입니다. 그러니까 우리에게 주시는 말씀은 결국 "포도나무에서 떨어지지 말라"가 아니라, "너희는 이미 내 가지다. 너희는 이미 좋은 땅이다. 그러니 무엇을 심어도 너희는 풍성하게 결실할 것이다. 그러니 이제 영광의 자리로 가라"입니다.

에베소서 4장에서 본 대로 '구습을 따르는 옛 사람을 벗어 버리고 오직 너희의 심령이 새롭게 되어' 새사람으로 살아야 합니다. 이어 에베소서 5장 18절에 나온 "술 취하지 말라 이는 방탕한 것이니 오직 성령으로 충만함을 받으라"라는 말씀도 같은 방향입니다. 여기서 '성령으로 충만함을 받'는다는 것은 성령이 넘쳐 난다는 의미가 아니라, '술 취하지 말라 이는 방탕한 것이니'라는 명령과 대조되는 것입니다. 여기서 '방탕한 것'은 도덕적 의미라기보다 낭비하는 것, 시간을 허비하는 것을 말합니다.

성령 충만은 우리에게 계속해서 명예와 자랑과 영광의 길을 가라고 권면합니다. 이 길은 어떤 공식에 붙잡혀서 강제로 가게 되는 길이 아닙니다. 자발성을 가지고 만족과 항복으로 걷게 되는 길입니다. 앞에서 이야기한 자유가 바로 여기서 작용하는 것입니다.

그 길을 어떻게 가든지 우리는 은혜를 받을 수 있습니다. 그러니 그 길을 자신만만하게 걷고, 망했다고 생각하지 마십시오. 결정적 순간에 우리의 선택만이 중요한 것이 아니기 때문입니다. 길이 막혀서 가지 못했던 것조차 나중에 보면 다 일을 합니다. 하나님이 일하시기 때문입니다. 반석에서 샘물이 나게 하시듯이 말입니다. 잘하고 열심히 하는 것은 나를 위한 것입니다. 하나님이 그것을 어떻게 사용하실지 우리는 모릅니다. 그것은 하나님의 권한입니다. 우리는 최선을 다할 뿐입니다. 이것은 우리에게 격려와 도전이 되는 것이지, 여기에 주눅이 들어서 멈춰 있으면 안 됩니다. 모든 것이 우리에게 열려 있고, 그것들이 내가 성숙해지는 데에 유익이 되고 나의 책임이 됩니다. 이것을 긍정적인 약속으로 생각하고 자신의 인생을 이해하여 기쁜 마음으로 살아 냅시다.